La confesión
para niños

Ilustrado por **Sara Ramiro**

EDICIONES PALABRA
MADRID

Colección: Paso a paso

© Equipo editorial, 2024
© Ediciones Palabra, S.A., 2024
  Paseo de la Castellana, 210 - 28046 MADRID (España)
  Telf.: (34) 91 350 77 20 - (34) 91 350 77 39
  www.palabra.es
  epalsa@palabra.es
© Ilustraciones: Sara Ramiro

Diseño y maquetación: Equipo editorial
ISBN: 978-84-1368-365-2
Depósito Legal: M-6466-2024
Impresión: Estellaprint, S.L.
Printed in Spain - Impreso en España

La confesión
para niños

Ilustrado por **Sara Ramiro**

Índice

Una historia que contó Jesús

Un padre tenía dos hijos. Uno de ellos le dijo un día: «Papá, ya no quiero vivir contigo ni trabajar para ti. Dame mi dinero para que pueda irme de casa. Así haré lo que yo quiera». El padre se puso triste, pero le dio el dinero a su hijo, que se fue muy lejos.

Hizo muchas cosas malas. Malgastó todo el dinero caprichosamente y se arruinó. Para vivir tenía que vigilar a los cerdos y comer de lo mismo que ellos. Pasaba mucha hambre y se sentía muy desgraciado. Entonces se dio cuenta de que él era quien tenía la culpa, porque había cometido muchos pecados. Se puso triste. Pero se dijo a sí mismo: «Volveré a mi casa y pediré a mi padre que me perdone. Quiero ser otra vez hijo suyo y estar con él. Le diré que me deje trabajar de nuevo con él». Así que volvió a casa.

Cuando aún estaba lejos, su padre vio que volvía. Corrió hacia él muy contento, lo abrazó con mucho cariño y lo cubrió de besos. Su hijo comenzó a llorar, y le dijo: «Papá, he pecado contra el cielo y contra ti. Lo siento mucho. Por favor, perdóname. Desde ahora voy a portarme bien, y haré lo que tú quieras». Su padre estaba muy feliz, y le dijo: «Te perdono». Y le preparó una gran fiesta para mostrarle su alegría y celebrar su regreso.

Esta parábola nos enseña que Dios siempre tiene compasión de aquellos que le piden perdón por sus pecados. Como el padre del hijo pródigo, te está esperando con los brazos abiertos y con una gran alegría. No hay nada tan malo que puedas hacer por lo que Dios pueda dejar de quererte.

Igual que nosotros nos ponemos tristes cuando alguien nos ha hecho algo malo, a Él le duelen las cosas; experimenta nuestros mismos sentimientos en su Corazón. Pero no puedes imaginar la felicidad que siente cuando te acercas a pedirle perdón por las cosas que le han hecho daño. Está deseando perdonarte y cuando lo hace, ¡hay una gran fiesta en el cielo!

¿Cuándo está Dios contento contigo?

Dios está contento cuando te ve feliz y ve, en tus acciones y en tus pensamientos, que le quieres y sacas lo mejor de ti mismo. Por ejemplo:

1. Cuando rezas y le amas más que a nada.

2. Cuando siempre que hablas de Él, de la Virgen María o de los santos, lo haces con respeto y cariño.

3. Cuando vas a Misa los domingos y días de precepto, y santificas las fiestas.

4. Cuando quieres y obedeces a tus padres, y también a tus abuelos, a tus profesores y a los que cuidan de ti.

5. Cuando eres amable y generoso con todos.

6. Cuando eres un buen hermano y un buen amigo.

7. Cuando tienes buena intención en todo lo que haces, y también en todo lo que piensas.

8. Cuando no quitas a nadie lo que es suyo y devuelves lo que te han prestado.

9. Cuando dices la verdad, aunque te cueste o te dé vergüenza.

10. Cuando no eres envidioso y eres agradecido por todo lo que tienes, en vez de querer lo que tienen los demás.

¿Qué es la confesión?

La confesión es un sacramento, es decir, una acción en la que Dios nos muestra su amor.

> Hay **siete sacramentos:** bautismo, confirmación, eucaristía, penitencia o confesión, unción de los enfermos, orden sacerdotal y matrimonio.

¿Y cómo lo hace? A través del sacerdote. Primero dedicamos un momento a pensar en aquellas cosas que no hemos hecho bien y que han puesto triste a Dios, luego nos arrepentimos de esos pecados y después se los decimos a un sacerdote para obtener el perdón de Dios. El sacerdote actúa en el nombre de Jesús: es Jesús mismo quien nos perdona a través de él. Por tanto, en la confesión

intervienen tres personas: Jesucristo, el sacerdote y tú.

Lo más importante es lo que hace Jesús: nos ayuda a darnos cuenta de nuestros pecados, a arrepentirnos de ellos, y nos los perdona. Recuerda que no hay nada demasiado grave para que Dios te deje de querer, siempre te perdona. Cada vez que te confiesas, Jesús te ayuda a hacer las cosas mejor, a quererle más y a querer más a la gente que te rodea. Por eso, la confesión es el sacramento de la alegría.

¿Sabías que...?

Todos hacemos cosas mal y pecamos, incluidos los sacerdotes. Por eso, ellos también se confiesan. Igual que tú, van al confesionario y le cuentan sus pecados a otro sacerdote para que Jesús les perdone.

Los cinco pasos de la confesión

1. Examen de conciencia

2. Dolor de los pecados

3. Propósito de la enmienda

4. Decir los pecados al confesor

5. Cumplir la penitencia

1. Examen de conciencia

Tengo que pensar cuáles son mis pecados y faltas, así podré decírselos al sacerdote cuando me confiese y pedir perdón a Jesús por ellos. También tengo que procurar recordar cuántas veces he cometido cada uno; si no me acuerdo, se lo diré al menos aproximadamente.

¿Qué es el pecado?

El pecado es todo aquello que pone triste a Dios, porque nos hace daño a nosotros mismos o a los demás. Además de lo que podamos hacer mal, también le hace sufrir que no hagamos una cosa buena que deberíamos hacer.

Hay pecados grandes y pecados pequeños. Los grandes se llaman «mortales» y los pequeños, «veniales».

- Cometemos un **pecado mortal** cuando lo que vamos a hacer es algo muy malo (materia grave), lo pensamos y sabemos que está mal hacerlo (conocimiento) y, aun sabiendo que vamos a poner triste a Dios, decidimos hacerlo (consentimiento). Por ello, no es pecado mortal si no nos hemos dado cuenta de que era muy malo lo que hacíamos o si no queríamos hacerlo.

  En caso de que sea pecado mortal, como hemos puesto triste a Dios, tenemos que confesarnos antes de volver a recibir la Comunión.

- Cometemos un **pecado venial** cuando hacemos algo malo, pero que no es muy malo. También es pecado venial si hemos hecho algo muy malo sin saber que era tan grave.

A Dios no le gusta ningún tipo de pecado, ni grande ni pequeño. Él nos quiere mucho y quiere que nosotros también le amemos a él porque así seremos felices. Siempre que le damos la espalda, le causamos tristeza y dolor y nos hacemos daño a nosotros mismos.

¿De qué hay que confesarse?

Hay que confesarse de todos los pecados mortales que recordemos haber cometido. No hay que repetir los que ya hemos confesado antes.

No es obligatorio confesarse de los pecados veniales, pero es muy recomendable hacerlo. Como ya sabemos, los niños no cometen muchos pecados mortales, pero sí cometen frecuentes pecados veniales. Para querer más a Dios, lo mejor es confesarnos de todos los pecados veniales que podamos recordar.

Los diez mandamientos

Vamos a imaginar que se ha estropeado la lavadora de tu casa y necesitáis una nueva. Vas con tus padres a la tienda, elegís una y la compráis. Llegáis a casa y... ¿cómo sabéis cómo funciona? Pues bien, la persona que la ha fabricado ha hecho unas instrucciones para que cualquiera que la compre pueda usarla, porque él sabe lo que hay que hacer para que funcione a la perfección.

Lo mismo ocurre con Dios. Él nos ha creado; ha hecho todo lo que hay en nosotros, y por eso nos ha querido dar unas instrucciones para que seamos lo más felices posible con todo lo que nos ha regalado y podamos lucir con la mejor versión de nosotros mismos. Esas instrucciones tienen diez pasos y se llaman *los 10 mandamientos*. Dios sabe que, si los cumplimos, seremos felices, ¿quién lo va a saber mejor que la persona que nos ha hecho?

1. Amarás a Dios sobre todas las cosas

Lo que más feliz pone a Dios es que le quieras más que a nada.

«Amarás a Dios con todo tu corazón, con toda tu alma y con toda tu mente» (Mateo 22, 37).

- ¿He rezado mis oraciones habituales? ¿Rezo al levantarme y antes de acostarme?

- ¿Sé que Jesús me quiere, es mi amigo y me acuerdo de Él a lo largo del día?

- ¿He comulgado sabiendo que no debía porque había cometido un pecado mortal?

2. No tomarás el nombre de Dios en vano

Cuando quieres a alguien, siempre hablas con cariño de esa persona. Igual que no está bien insultar a tus amigos o familia ni que nadie lo haga, tampoco debes hacerlo con Dios, que es tu Padre bueno que te quiere.

> «El Nombre de Dios es grande allí donde se pronuncia con el respeto debido a su grandeza» (San Agustín).

- ¿He hablado mal de Dios o de la Iglesia?

- ¿He utilizado el nombre de Dios para decir algo malo?

3. Santificarás las fiestas

Dios hizo el mundo en seis días y al séptimo descansó. Él también quiere que nosotros descansemos el domingo y que sea un día especial de la semana dedicado a Él. Por eso, cada domingo nos espera en Misa: quiere revivir con nosotros la última cena y nos entrega su Cuerpo y su Sangre en la Comunión. Si puedes ir más días, genial, pero es importante que vayas los domingos (o sábados por la tarde). También hay que ir a Misa los días de fiesta grande, como señala la Iglesia. Esos días se llaman *días de precepto*.

«El día séptimo es día de descanso completo, dedicado al Señor» (Éxodo 31, 15).

- ¿He faltado a Misa el domingo o en algún día de precepto por mi culpa, o he llegado tarde sin ningún motivo?

- ¿Me he portado mal en Misa o he distraído a los demás? ¿Me he esforzado por atender en Misa?

4. Honrarás a tu padre y a tu madre

Honrar significa querer y respetar. No es solo decirles que les quieres mucho (¡que también!), sino esforzarte por hacer lo que te piden, porque ellos quieren lo mejor para ti, aunque a veces no lo entiendas.

> «Honra a tu padre y a tu madre
> para que seas feliz» (Efesios 6, 2-3).

- ¿He obedecido a mis padres y profesores? ¿Les he respondido mal? ¿He tratado con respeto y cariño a mis abuelos, a las personas que cuidan de mí...?

- ¿Hago bien mis encargos en casa?

- ¿He comido lo que me han puesto?

- ¿He sido glotón o caprichoso?

- ¿He hecho mis deberes? ¿He estudiado lo que debía?

- ¿He sido perezoso?

- ¿He ayudado a otros a estudiar y a hacer sus tareas o les he molestado y distraído?

- ¿He dicho palabrotas?

5. No matarás

En este mandamiento no se incluye solo el acto de matar, sino también hacer daño a otras personas, por ejemplo, pegándolas. Muchas veces herimos el corazón de los demás insultándolos, contando cosas malas sobre ellos o cosas que nos han pedido que no contemos porque han confiado en nosotros. En estos casos no hacemos daño físicamente, pero hacemos sufrir a las personas.

«Felices los que construyen la paz, porque ellos serán llamados hijos de Dios» (Mateo 5, 9).

- ¿Me he enfadado con alguien? ¿He hecho enfadar a otros?

- ¿He hecho daño a alguien con mis palabras o con mis acciones?

- ¿He deseado algo malo a otra persona?

- ¿He pedido perdón cuando he ofendido a alguien? ¿Guardo rencor o quiero vengarme? ¿He perdonado cuando me han ofendido?

- ¿He ayudado a los demás a cometer algún pecado? ¿Qué tipo de pecado?

6. No cometerás actos impuros / 9. No consentirás pensamientos ni deseos impuros

Dios nos ha regalado un cuerpo único para que lo cuidemos; es algo personal e íntimo, por eso es importante que lo tratemos y lo apreciemos como un tesoro. Del mismo modo se debe tratar el cuerpo de los demás.

Comete actos impuros el que hace cosas deshonestas con su cuerpo, solo o con otras personas; y la prueba de que son deshonestas es que se hacen a escondidas y a sabiendas de que le daría mucha vergüenza ser descubierto por sus padres o por las personas que de verdad le quieren.

Los pensamientos y deseos impuros se refieren a esos actos, pero tranquilo, no pasa nada si te viene a la mente una imagen o un pensamiento malo, es pecado cuando, a sabiendas, fomentas y disfrutas pensamientos y deseos sobre esos actos. Para evitar esto, cuando imaginamos algo malo, rápidamente tenemos que intentar pensar en otra cosa buena.

«Felices los limpios de corazón,
porque ellos verán a Dios» (Mateo 5, 8).

- ¿He realizado acciones que me avergonzaría que se supieran, porque no son buenas?

- ¿He visto vídeos o fotos malas o poco adecuadas?

- ¿He tenido conversaciones sobre temas malos?

- ¿Doy vueltas a los malos pensamientos en mi cabeza? ¿Me esfuerzo por pensar en cosas buenas?

7. No robarás / 10. No desearás los bienes ajenos

Como decíamos antes, lo que más desea Dios es que seamos felices y le queramos. Es importante que seamos agradecidos con lo que tenemos, así nunca desearemos tener lo que tienen los demás y no robaremos. Y si lo hacemos, tenemos que devolverlo.

A veces solo vemos las cosas de los demás y no nos damos cuenta de lo que tenemos nosotros. Si tenemos envidia, no podemos ser felices.

«El amor no tiene envidia, no es egoísta»
(1 Corintios 13, 4-5).

- ¿He robado alguna cosa o algo de dinero? ¿Lo he devuelto?

- ¿He ayudado a que alguien robe algo?

- ¿He devuelto lo que me han prestado?

- ¿He tenido envidia de los juguetes o de las pertenencias de los demás?

- ¿He gastado dinero en cosas innecesarias, en caprichos o por presumir?

- ¿He sido codicioso, quiero tener muchas cosas? ¿He hecho daño a alguien para conseguir algún objeto? ¿Me importan más las cosas que las personas?

- ¿Me cuesta compartir mis cosas con mis hermanos? ¿He sido egoísta en el uso de las cosas que tengo?

- ¿He causado daños de forma voluntaria a las cosas de los demás? Aunque no lo haya conseguido, ¿lo he intentado?

8. No darás falsos testimonios ni mentirás

Siempre tenemos que decir la verdad. No está bien mentir sobre ti mismo, pero tampoco sobre los demás. Igual que a ti te haría daño escuchar cosas sobre ti que no son ciertas, a los demás también, y cuando tú mientes, a Dios le duele: es el primero que sabe la verdad. Dios nos ha hecho a su imagen, por eso no tenemos que esconder nuestros defectos mintiendo, queremos que los demás nos quieran como somos, y tenemos que querer a los demás como son.

> «No os mintáis unos a otros»
> (Colosenses 3, 9).

- ¿He dicho mentiras?

- ¿He insultado o me he burlado de los demás?

- ¿He dejado de decir algún pecado importante por vergüenza en mi última confesión?

- ¿He acusado a los demás?

- ¿He contado los defectos o los secretos de los demás sin motivo?

- ¿He hecho alguna otra cosa que me parezca mala?

Estos diez mandamientos se resumen en dos: amarás a Dios sobre todas las cosas y al prójimo como a ti mismo.

2. Dolor de los pecados

Ahora debo dolerme de mis pecados porque hacen que yo no luzca como auténtico hijo de Dios. Tengo que decidirme a intentar no volver a hacer cosas malas. No haré una verdadera confesión si no estoy arrepentido.

Todos volvemos a equivocarnos y es normal hacer cosas mal de vez en cuando. Lo importante es arrepentirnos e intentar mejorar todas las veces que haga falta. Jesús nos va a ayudar.

Oraciones antes de la confesión

Puedes dolerte de tus pecados con las palabras que tú quieras. También te pueden servir estas:

- «Querido Jesús, yo quiero hacer una buena confesión. Ayúdame a arrepentirme de mis pecados. Lo siento de todo corazón, Señor».

- «Querido Jesús, me duele porque sé que los pecados son la causa de tu sufrimiento y de tu muerte en la cruz. Perdóname».

- «Dios mío, te pido perdón de mis pecados porque no te gustan. Tú eres lo que más quiero, porque eres bueno y cariñoso conmigo. Con tu ayuda no volveré a pecar nunca más».

- «Señor mío Jesucristo, Dios y hombre verdadero, Creador, Padre y Redentor mío. Por ser Tú quien eres, Bondad infinita, y porque te amo sobre todas las cosas, me pesa de todo corazón haberte ofendido. También me pesa que puedas castigarme con las penas del infierno. Ayudado de tu divina gracia, propongo firmemente nunca más pecar, confesarme y cumplir la penitencia que me fuere impuesta. Amén».

3. Propósito de la enmienda

Tengo dolor de mis faltas y pecados, querría no haberlos cometido. Intentaré no volver a desagradar a Jesús.

Ahora no me importará realizar alegremente pequeños sacrificios para mostrar mi amor a Jesús.

Intentaré seguir su ejemplo, seré cariñoso con los demás y, sobre todo, procuraré mejorar en las cosas de las que me confieso. El propósito de la enmienda también consiste en el deseo de reparar los daños que hayan podido causar nuestros pecados, si es posible.

Cuando me doy cuenta de las cosas malas que he hecho, me arrodillo y hablo con Jesús: «¡Oh, buen Jesús! Tú has muerto por mí. Perdóname mis pecados. Quiero hacerte feliz. ¡Ayúdame a ser bueno!».

Ya estás preparado para ir a confesarte. No te preocupes de que se te pueda olvidar alguno de tus pecados. Si de verdad se te ha olvidado, a Jesús no le importa. Él sabe con qué facilidad nos olvidamos de las cosas.

4. Decir los pecados al confesor

Si ya estoy preparado, voy al confesionario, me arrodillo o me siento y comienzo a confesarme.

¿Sabes cómo se hace?

1. Saludas al sacerdote, haces la señal de la cruz y dices: «Ave María purísima». Él te contesta-

rá: «Sin pecado concebida». Después puedes decir: «Señor, tú lo sabes todo. Tú sabes que te quiero».

2. Di al sacerdote el tiempo que hace que no te confiesas (una semana, un mes, o lo que sea. Si es tu primera confesión, díselo también).

3. Le dices todos los pecados que hayas recordado en el examen de conciencia. Si hay algo que no sabes contar, puedes decir: «Tengo un pecado que no sé cómo contar». El sacerdote te ayudará.

4. El sacerdote te hará alguna pregunta, te dará algún consejo y te impondrá la penitencia. Antes de recibir la absolución, puedes decir a Jesús que te arrepientes con unas palabras como estas: «Jesús, Hijo de Dios, ten piedad de mí, que soy un pecador».

Escucha con atención las palabras de la absolución (si estabas sentado, en este momento puedes ponerte de rodillas delante del sacerdote):

> Dios, Padre misericordioso, que reconcilió consigo al mundo por la muerte y la resurrección de su Hijo, y derramó el Espíritu Santo para la remisión de los pecados, te conceda, por el ministerio de la Iglesia, el perdón y la paz. Y yo te absuelvo de tus pecados en el nombre del Padre y del Hijo y del Espíritu Santo.

Acuérdate de santiguarte mientras el sacerdote dice: «En el nombre del Padre y del Hijo y del Espíritu Santo», y contesta al final:

> Amén.

Cuando el sacerdote te diga: «Vete en paz», ya has terminado de confesarte. ¡Tus pecados han quedado borrados para siempre! ¡Qué alegría!

5. Cumplir la penitencia

Antes de darte la absolución, el sacerdote te dirá qué tienes que rezar o qué tienes que hacer, eso es la penitencia: una oración o una buena obra que debes hacer para reparar el mal hecho y mostrar a Dios que estás arrepentido de tus pecados. Queremos mejorar y sabemos que Dios nos ayudará.

Cuando termines de confesarte y te diga que puedes irte en paz, habrás recibido el sacramento de la reconciliación; entonces vuelve al banco donde estabas, te arrodillas y rezas la penitencia.

Después, aprovecha para dar gracias a Dios por la confesión. Puedes decirle cosas como estas:

- «Querido Jesús, gracias por ser tan bueno conmigo. Intentaré de verdad no volver a pecar de nuevo».

- «Querido Jesús, enséñame a amarte. Porque te quiero, procuraré hacer siempre lo que te agrada».

- «María, madre mía, ayúdame a agradecer a Jesús todo lo bueno que me da».

- «Ángel de mi guarda, quédate siempre a mi lado y mantén el pecado lejos de mí».

Además de confesándonos, podemos hacer penitencia de otras maneras para mostrar a Dios que estamos arrepentidos de nuestros pecados. Se hace, por ejemplo, por medio de algún pequeño sacrificio, de una oración o de una buena obra.

Principales características de una buena confesión

1. Humilde: sin excusas

La confesión es humilde cuando nos acusamos de nuestros pecados convencidos de que somos responsables de haber ofendido a Dios.

2. Sincera: sin mentiras

La confesión es sincera cuando decimos todos los pecados que recordamos con confianza, sin callarnos nada por miedo o vergüenza.

3. Completa: sin omisiones

La confesión es completa cuando decimos, por lo menos, los pecados mortales que tengamos desde la última confesión. Explicamos cuáles son, el número de veces que hemos cometido cada uno y las circunstancias que sea importante saber. Si no hay pecados mortales, decimos al menos algunos pecados veniales.

Tengo una pregunta...

¿Qué tengo que hacer si me olvido de confesar un pecado mortal?

Si hacemos una buena confesión pero olvidamos, sin querer, un pecado mortal, este queda perdonado. Es bueno, sin embargo, que si posteriormente lo recordamos, lo añadamos en nuestra próxima confesión, pues manifestamos así nuestro sincero arrepentimiento y nos aseguramos de que nuestra intención es buena.

¿Qué ocurre si me callo a propósito un pecado mortal en la confesión?

Si nos lo callamos a propósito, cometemos un pecado que se llama sacrilegio, y no se nos perdonan el resto de pecados que hayamos dicho. Hay que volver a confesarse diciendo que nos hemos callado un pecado, después contamos ese pecado y todos los que hemos cometido desde la última confesión bien realizada.

¿Cuándo tengo que confesarme de nuevo?

La Iglesia nos pide que, como mínimo, nos confesemos de los pecados mortales al menos una vez al año, en peligro de muerte o si se ha de comulgar. Pero eso es lo mínimo. Lo mejor es confesar los pecados, mortales o veniales, cuanto antes y con frecuencia porque nos mueve el deseo de ser cada vez mejores, y lucir cada vez mejor como hijos de Dios y como amigos de Jesús. No es necesario confesarse cada vez que se hace una falta. Pregúntale a tu sacerdote sobre esto y sigue su consejo.

Para que lo recuerdes cuando vas a confesarte

1. Antes de la confesión:

- A veces nos puede costar y nos da vergüenza ir a confesarnos, pero tenemos que estar tranquilos porque el sacerdote está acostumbrado y nunca nos va a juzgar.

- Es al mismo Jesús a quien confesamos los pecados. Él nos ayuda a ser muy sinceros y a sentir dolor por nuestros pecados. El sacerdote le representa.

- El sacerdote nunca dice a nadie tus pecados. Puedes estar tranquilo.

- El sacerdote está para ayudarte. Lo hará del modo que más te conviene.

- Antes de confesarte, has de procurar recordar tus pecados.

- Nada de lo que hayas hecho puede hacer que Dios te quiera menos. Puede estar triste, pero te quiere lo mismo.

2. Durante la confesión:

- Ponte de rodillas o siéntate con tranquilidad. Procura no jugar con los pies y las manos.

- Di los pecados al sacerdote lo suficientemente alto para que los oiga él, pero nadie más.

- Si hay algo que no sabes decir, dile al sacerdote, por ejemplo: «Tengo algo que decir, pero no sé cómo decirlo exactamente. ¿Puede ayudarme, por favor?».

- Con los pecados mortales es necesario decir, aproximadamente, cuántas veces ha ocurrido.

- Cuando termines, di: «Eso es todo. Ya no me acuerdo de más».

- Ahora, escucha al sacerdote. Puede que te haga alguna pregunta. Respóndele con confianza y abiertamente.

- Te dará algún consejo para que puedas evitar los pecados y portarte bien. Escúchale con atención para poder mejorar.

- Te mostrará cómo puedes amar más a Jesús cada día.

- A continuación, el sacerdote te dará la absolución. Es el mismo Jesús quien está perdonando tus pecados. Mientras te da la absolución, escucha las oraciones tan bonitas que dice.

3. Después de la confesión:

- Cumple la penitencia que te ha impuesto. Lo mejor es que lo hagas nada más salir del confesionario para no olvidarte.

- Cada vez que nos confesamos, Dios nos da la gracia para ser mejores y nos ayuda a mejorar en aquello de lo que nos hemos confesado.

- Repara lo que se pueda reparar: pide perdón si has ofendido a alguien, devuelve si has quitado algo, perdona a quien te haya ofendido... En pocas palabras: procura volver a hacerte digno de confianza, para que luzca de nuevo la mejor versión de ti mismo, porque eres hijo de Dios y hermano y amigo de Jesús.

¡Qué alegría confesarse!

Gracias, Jesús, por ser tan bueno
y perdonarme siempre.
¡Qué alegría cuando me confieso!

¡Y ahora empieza una fiesta en el cielo!

Citas de la Biblia sobre el perdón

(Mateo 6, 12)

«Perdona nuestras ofensas, como también nosotros perdonamos a los que nos ofenden»

(Mateo 6, 14)

«Porque si perdonáis a los hombres sus ofensas, también os perdonará vuestro Padre celestial»

(Marcos 11, 25)

«Y cuando os pongáis a orar, perdonad lo que tengáis contra otros, para que también vuestro Padre del cielo os perdone vuestras culpas»

(Lucas 6, 37)

«Perdonad, y
seréis perdonados»

(Lucas 17, 3-4)

«Si tu hermano te ofende, corrígelo,
y si se arrepiente, perdónalo; si
te ofende siete veces en un día, y
siete veces vuelve a decirte: "Me
arrepiento", lo perdonarás»

(Efesios 4, 32)

«Sed buenos, comprensivos,
perdonándoos unos a otros
como Dios os perdonó
en Cristo»

(Colosenses 3, 13)

«Sobrellevaos mutuamente y
perdonaos cuando alguno tenga
quejas contra otro. El Señor os ha
perdonado: haced vosotros
lo mismo»

Setenta veces
(Mateo 18, 21-35)

Acercándose Pedro a Jesús, le preguntó:

—Señor, si mi hermano me hace daño, ¿cuántas veces tengo que perdonarlo? ¿Hasta siete veces?

Jesús le contesta:

—No te digo hasta siete veces, sino hasta setenta veces siete. Por esto, se parece el reino de los cielos a un rey que quiso ajustar las cuentas con sus criados. Al empezar a ajustarlas, le presentaron uno que debía diez mil monedas. Como no tenía con qué pagar, el señor mandó que lo vendieran a él con su mujer y sus hijos y todas sus posesiones, y que pagara así. El criado, arrojándose a sus pies, le suplicaba diciendo: «Ten paciencia conmigo y te lo pagaré todo». El señor sintió pena por aquel criado y lo dejó marchar, perdonándole lo que le debía. Pero al salir, el criado aquel encontró a uno de sus compañeros que le debía cien monedas y, agarrándolo, lo estrangulaba diciendo: «Págame lo que me debes». El compañero, arrojándose a sus pies, le rogaba diciendo: «Ten paciencia conmigo y te lo pagaré». Pero él se negó y fue y lo metió en la cárcel hasta que pagara lo que debía.

Sus compañeros, al ver lo ocurrido, quedaron angustiados y fueron a contarle a su señor todo lo sucedido. Entonces el señor lo llamó y le dijo: «¡Siervo malvado! Toda aquella deuda te la perdoné porque me lo rogaste. ¿No debías tú también tener compasión de tu compañero, como yo tuve compasión de ti?». Y el señor, indignado, lo entregó a los verdugos hasta que pagara toda la deuda. Lo mismo hará con vosotros mi Padre celestial, si cada cual no perdona de corazón a su hermano.

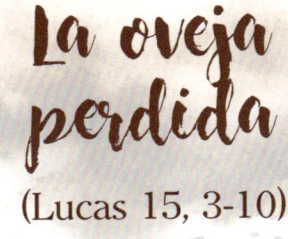

La oveja perdida

(Lucas 15, 3-10)

Jesús les dijo a los fariseos esta parábola:

—¿Quién de vosotros que tiene cien ovejas y pierde una de ellas, no deja las noventa y nueve en el desierto y va tras la desorientada, hasta que la encuentra? Y, cuando la encuentra, se la carga sobre los hombros, muy contento; y, al llegar a casa, reúne a los amigos y a los vecinos, y les dice: «¡Alegraos conmigo!, he encontrado la oveja que se me había perdido». Os digo que así también habrá más alegría en el cielo por un solo pecador que se convierta que por noventa y nueve justos que no necesitan convertirse.

»O ¿qué mujer que tiene diez monedas, si se le pierde una, no enciende una lámpara y barre la casa y busca con cuidado, hasta que la encuentra? Y, cuando la encuentra, reúne a las amigas y a las vecinas y les dice: «¡Alegraos conmigo!», he encontrado la moneda que se me había perdido». Os digo que la misma alegría tendrán los ángeles de Dios por un solo pecador que se convierta.

Oraciones para aprender de memoria

Padrenuestro

Padre nuestro, que estás en el cielo, santificado sea tu nombre; venga a nosotros tu reino; hágase tu voluntad en la tierra como en el cielo.

Danos hoy nuestro pan de cada día; perdona nuestras ofensas, como también nosotros perdonamos a los que nos ofenden; no nos dejes caer en la tentación; y líbranos del mal. Amén.

Avemaría

Dios te salve, María, llena eres de gracia; el Señor es contigo. Bendita tú eres entre todas las mujeres, y bendito es el fruto de tu vientre, Jesús.

Santa María, Madre de Dios, ruega por nosotros, pecadores, ahora y en la hora de nuestra muerte. Amén.

Gloria

Gloria al Padre, al Hijo y al Espíritu Santo.

Como era en el principio, ahora y siempre, por los siglos de los siglos. Amén.

Al Ángel de la guarda

Ángel de mi guarda, dulce compañía,
no me desampares ni de noche ni de día.

No me dejes solo, que me perdería. Amén.

Señor mío, Jesucristo

Señor mío, Jesucristo, Dios y hombre verdadero, Creador, Padre y Redentor mío. Por ser Tú quien eres, Bondad infinita, y porque te amo sobre todas las cosas, me pesa de todo corazón haberte ofendido. También me pesa que puedas castigarme con las penas del infierno. Ayudado de tu divina gracia propongo firmemente nunca más pecar, confesarme y cumplir la penitencia que me fuera impuesta. Amén.

Bajo tu amparo

Bajo tu amparo nos acogemos, Santa Madre de Dios: no deseches las súplicas que te dirigimos en nuestras necesidades; antes bien, líbranos siempre de todo peligro, ¡oh, Virgen gloriosa y bendita!